W9-CGS-158

PELICANOS

AVES

Lynn M. Stone
Versión en español de Elsa Sands

The Rourke Corporation, Inc.
Vero Beach, Florida 32964

Library of Congress Cataloging-in-Publication Data

Stone, Lynn M.
  [Pelicans. Spanish]
  Pelícanos / por Lynn M. Stone; versión en español de Elsa Sands.
    p.   cm. — (Biblioteca de descubrimiento de aves)
  Traducción de: Pelicans
  Sumario: Examina el pelícano, describiendo su hábitat, sus
caracteristicas físicas, su comportamiento, su relación con los
seres humanos, con un énfasis en los pelícanos cafés y
blancos.
  ISBN 0-86593-195-X
  1. Pelícano café—literatura juvenil.   2. Pelícano blanco—
Literatura juvenil. [1. Pelícano café.   2. Pelícano blanco.
3. Pelícanos.   4. Materiales en español.]   I. Título.   II. De la
serie de Stone, Lynn M.
Biblioteca de descubrimiento de aves.
QL696.P47S7618   1992
598.4'3—dc20   92-8455
                                CIP
                                 AC

TABLA DE CONTENIDO

PELICANOS

Los pelícanos son aves grandes que comen pescado y viven cerca del agua. Es fácil reconocer a un pelícano porque tiene una especie de bolsa como parte de su garganta. El poeta Dixon Lanier Merritt escribió, "El pelícano es un pájaro maravilloso. Su pico puede contener más que su estómago."

Dos de las siete **especies** o clases de pelícanos del mundo viven en América del Norte. Ellas son el pelícano café *(Pelecanus occidentalis)* y el pelícano blanco *(Pelecanus erythrorhyncos)*.

Los pelícanos llegan a ser bastante viejos. Los pelícanos en cautiverio han vivido más de 25 años.

Gran Pelícano Blanco
(Pelecanus onocrotalus)
de Europe, Asia y Africa

DONDE VIVEN

Los pelícanos viven en muchos países. Viven donde el aire y el agua son bastante cálidos, donde pueden pescar y anidar sin peligro.

Cada especie tiene sus necesidades. Por ejemplo, el pelícano café vive todo el año por las costas marítimas de América del Sur y en la parte sureña de Norte América. El pelícano blanco pasa los meses cálidos en los lagos grandes y someros en el Oeste de Norte América. En el otoño, los pelícanos blancos **emigran** o viajan al Sur a lugares más cálidos porque sus hogares de verano se ponen demasiado fríos.

COMO SON

Los pelícanos tienen pescuezos largos y cuerpos robustos. Su bolsa famosa está conectada a un pico de un pie de largo y a su pescuezo. En la tierra los pelícanos anadean como los patos. Tienen piernas cortas y pies planos y palmeados.

En vuelo, los pelícanos son aerodinámicos y ligeros. Sus alas son largas y angostas y miden hasta nueve pies de un lado a otro. Son ideales para el deslizamiento.

Los pelícanos blancos americanos pesan hasta 15 libras y miden 50 pulgadas del pico a la cola. Ellos son más grandes que los pelícanos cafés.

elícano café en vuelo

LA BOLSA DEL PELICANO

Hace tiempo la gente pensaba que los pelícanos llevaban peces vivos en sus bolsas como si éstas fueran un tazón de carpas doradas. Los pelícanos usan sus bolsas para cazar peces no para almacenarlos.

La bolsa del pelícano está hecha de piel delgada llamada **membrana.** ¡La piel se estira o extiende cuando la bolsa se llena de agua—hasta tres galones y medio!

En los días calurosos los pelícanos usan su bolsa para mantenerse frescos. El pelícano suelta el calor de su cuerpo por la superficie de la bolsa grande.

Pelícano café con la bolsa llena

Pelícano café despegando del agua

UN DIA EN LA VIDA DEL PELICANO

Los pelícanos pasan muchas horas del día pescando.
Después descansan y concertan sus plumas.

Cuando un pelícano concerta sus plumas las limpia y las
aceita. El aceite viene de unas bolsitas escondidas llamadas
glándulas. El pelícano aplica el aceite a sus plumas usando
la punta de su pico. El aceite ayuda a mantener
impermeables las plumas. Las plumas limpias y aceitadas lo
ayudan a flotar cuando está nadando.

Al anochecer, los pelícanos vuelan a las islas donde
descansan hasta la mañana.

Pelícano café, joven adul
con pescado

LOS NIDOS DE LOS PELICANOS

Cuando empiezan a construir sus nidos los pelícanos se juntan en grupos llamados **colonias.** Cada pelícano que está anidando pone dos o tres huevos en un nido hecho de hierbas y palos. Los nidos casi siempre están en las islas.

Los pelícanos blancos hacen sus nidos sobre la tierra o en nidos flotantes hechos de plantas del pantano. Los pelícanos cafés anidan sobre la tierra o en los árboles.

Los pelícanos blancos crecen un ''cuerno'' en su pico cuando están anidando. Los pelícanos cafés no crecen ''cuernos'' pero su **plumaje**—su abrigo de plumas—cambia de color. Las plumas del pescuezo cambian de blanco a amarillo.

Después que comienza el anidaje el cuerno del pelícano blanco se cae y el plumaje del pelícano café cambia otra vez.

Pelícano café bebé con plum

PELICANOS BEBES

Después de un mes de **incubación,** cuando el pelícano se sienta sobre los huevos para mantenerlos calientes, la cría sale del cascarón. Los bebés no tienen plumas y son indefensos. Porque viven en las islas, pocos enemigos los alcanzan.

Los pelícanos bebés graznidan cuando tienen hambre. Comen pedacitos de pescado que sus padres esputan para ellos.

Pronto están cubiertos de **plumón,** plumas suaves y pequeñas. Cuando llegan a tener de 10 a 12 semanas de edad pierden sus voces, y el plumón es reemplazado por plumas más espesas. Ahora los pelícanos jóvenes pueden volar fuera de sus nidos.

elícano blanco americano dándole de
comer a su bebé

LA PRESA

Los pelícanos sólo comen pescado. Los pescados son la **presa,** los animales que cazan para comer.

Los pelícanos blancos nadan en bandada y reúnen los peces en hato. Entonces ellos pueden recogerlos fácilmente en sus bolsas.

Los pelícanos cafés usualmente pescan mientras vuelan sobre agua salada. Tienen vista excelente y pueden ver a los peces que nadan cerca de la superficie del agua. Se zambullen cabeza primero en el mar. El pelícano filtra el agua de su bolsa poniendo su cabeza hacia adelante. Después echa su cabeza para atrás para comerse los pescados.

LOS PELICANOS Y LOS SERES HUMANOS

La gente disfruta cuando observa a los pelícanos, y las leyes de Norte América los protegen. La gente también causa problemas para los pelícanos.

A veces la gente pesca demasiado en un solo lugar. Entonces los pelícanos no tienen suficiente para comer.

En algunos lugares la gente espanta a los pelícanos de sus nidos. En los lugares donde la gente y los pelícanos pescan, los pelícanos quedan atrapados en los anzuelos y líneas de los pescadores.

Los hombres hechan veneno al agua y envenenan a los peces y matan a los pelícanos. Los pelícanos comen el pescado envenenado y se envenenan.

Si ayudamos a proteger sus hogares y la fuente de su comida, siempre podremos disfrutar de los pelícanos.

GLOSARIO

Colonias—un grupo de animales de la misma clase que anidan

Concertar—limpiar y aceitar las plumas cuidadosamente

Emigran—moverse o volar de un lugar a otro al mismo tiempo cada año

Especie—un grupo o clase de animales

Glándula—una bolsita pequeña que guarda líquido como el aceite

Incubar—mantener calientes a los huevos hasta que se empollan

Membrana—piel delgada y suave

Plumaje—pel abrigo de plumas de un pájaro

Plumón—plumas delgadas y sedosas

Presa—un animal que es cazado por otro

INDICE